Young Learner's

JUMBO COLOURING

2

1

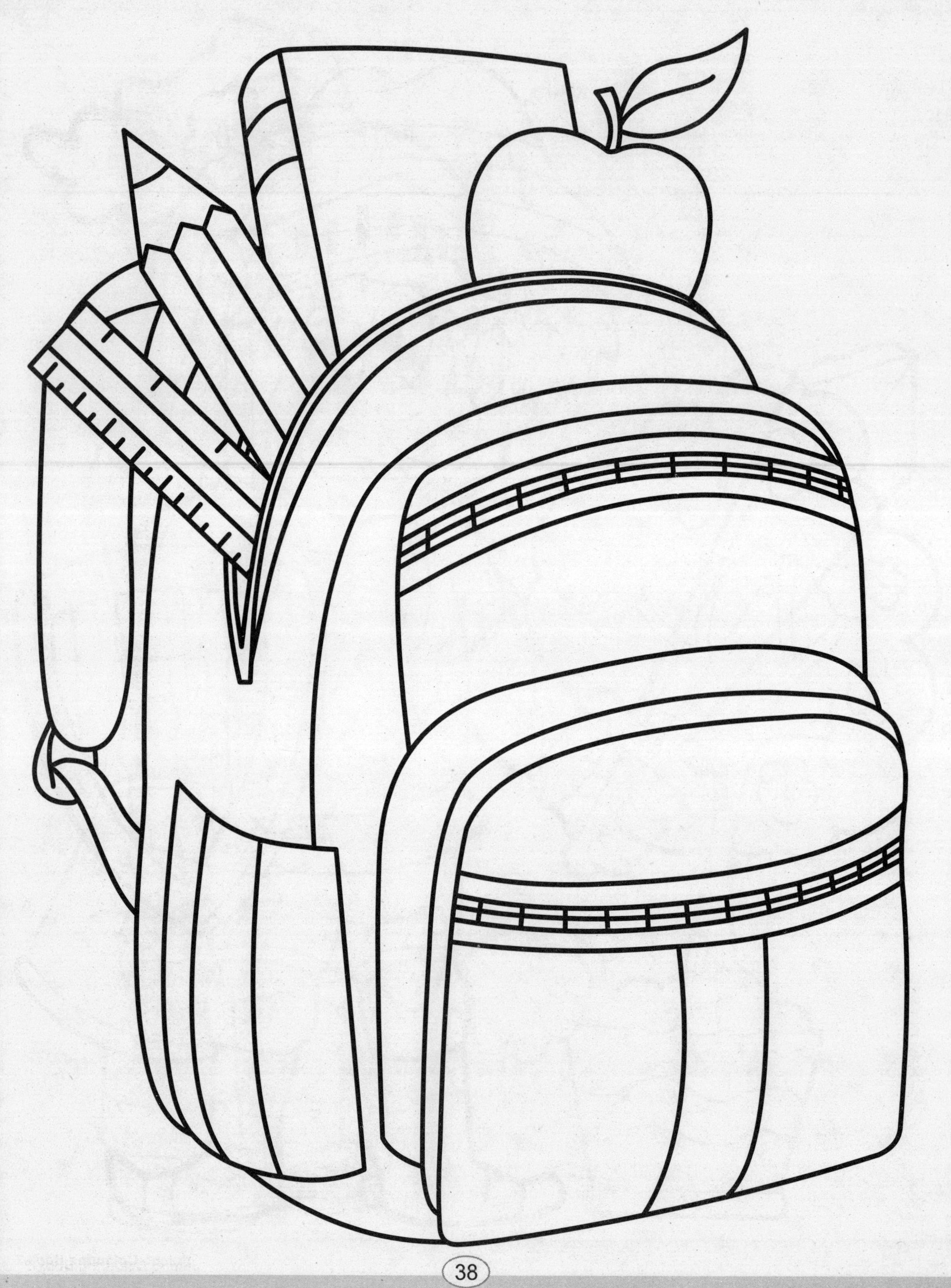

HOP!

1
2
3
4

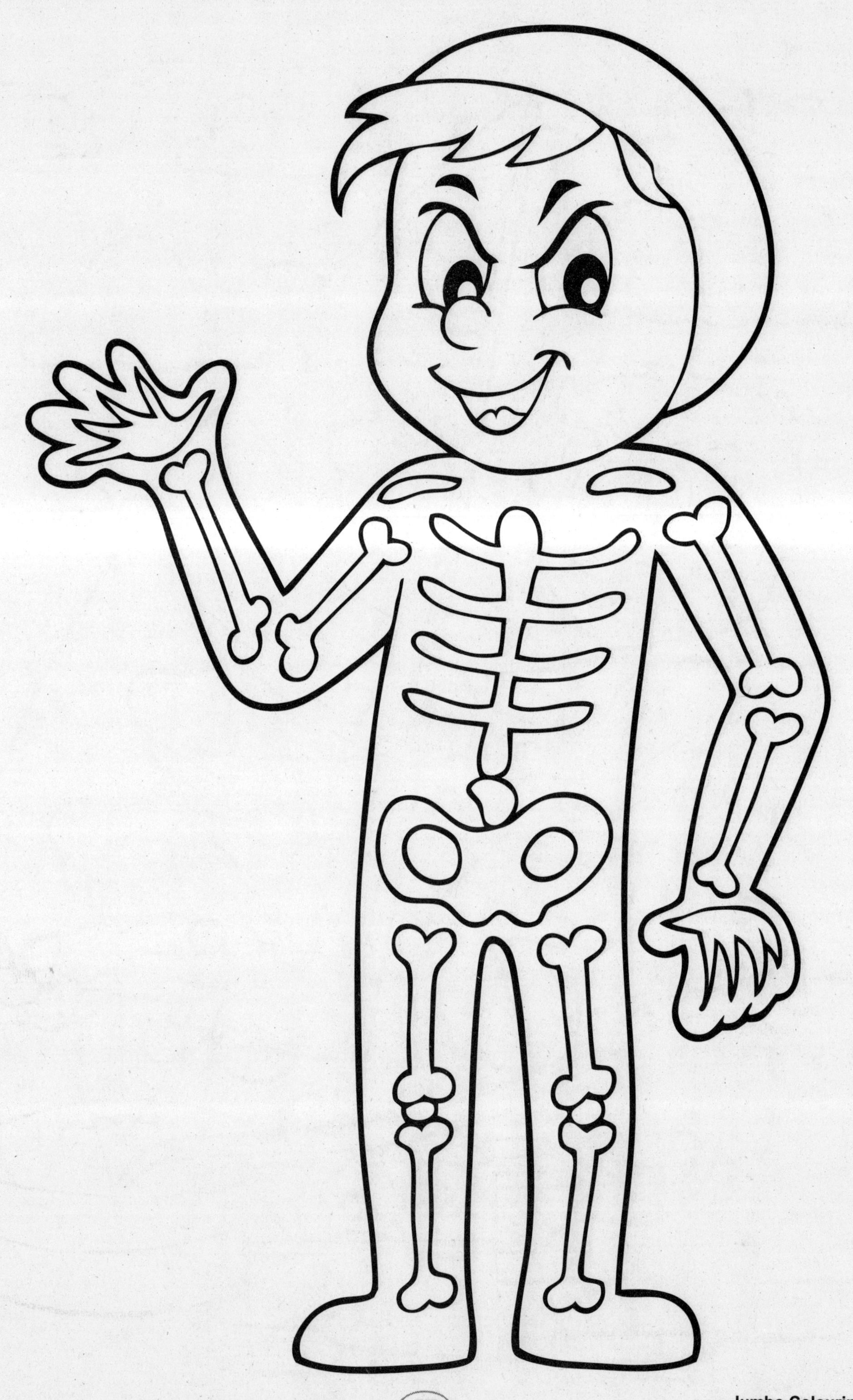

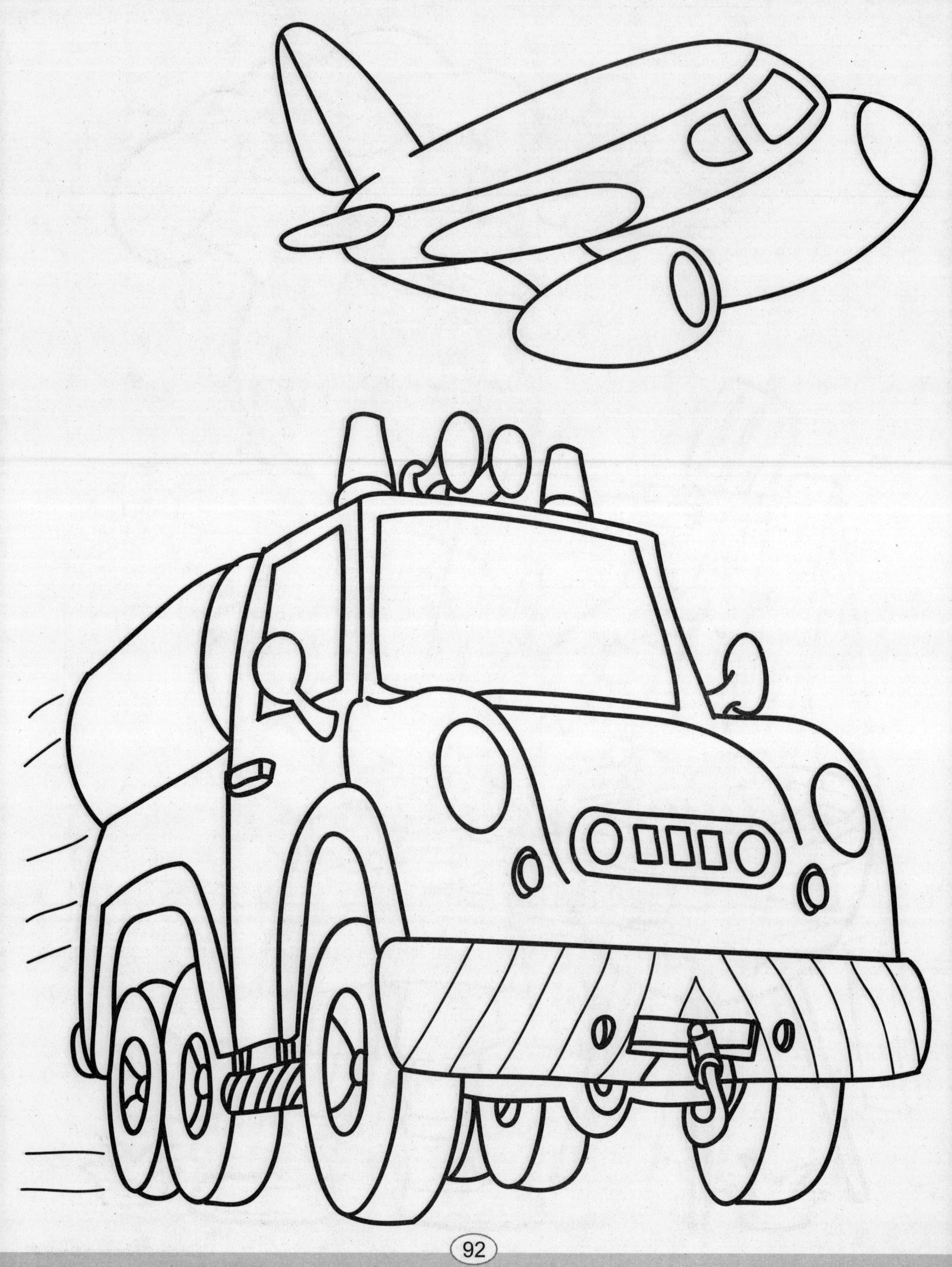

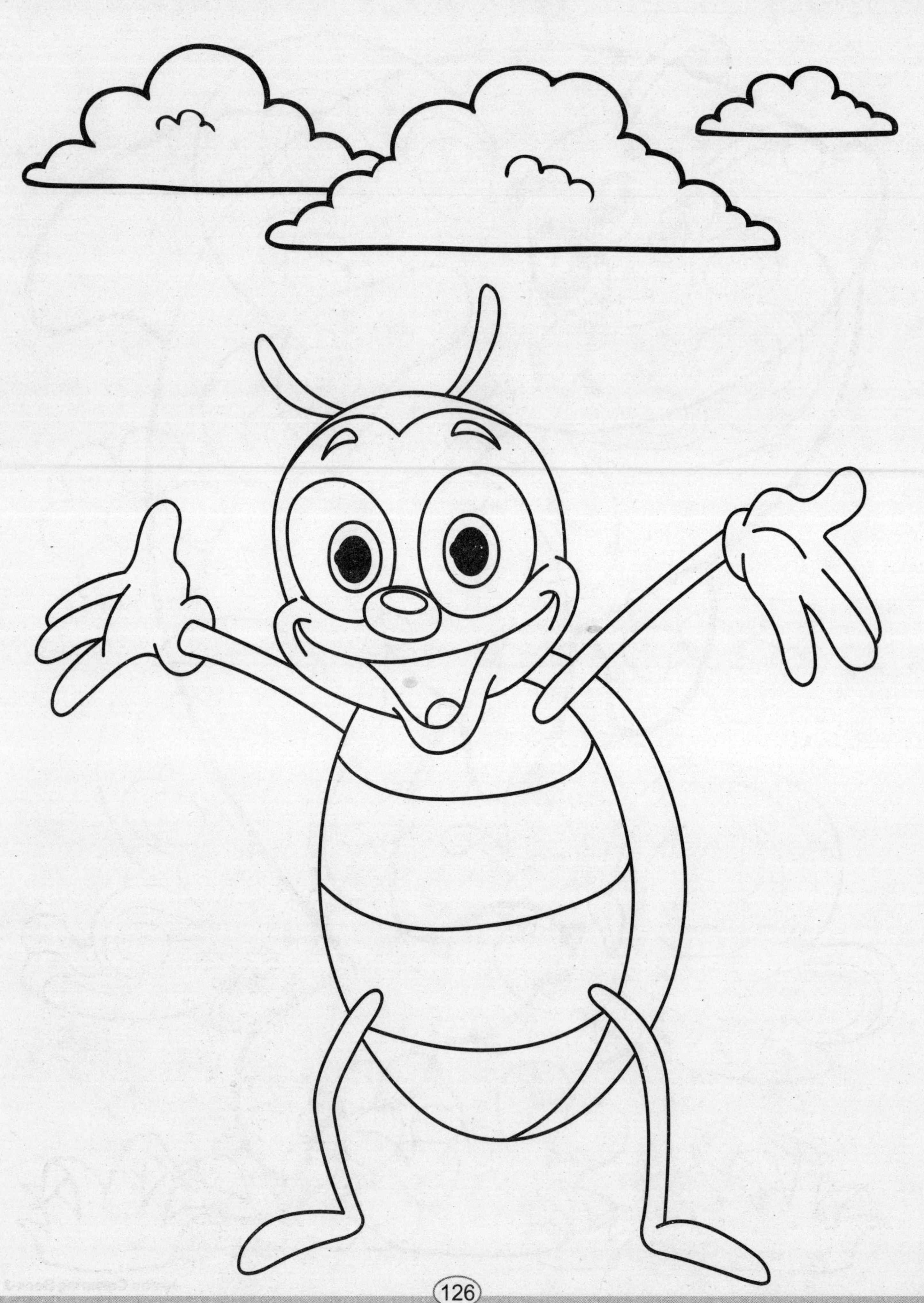

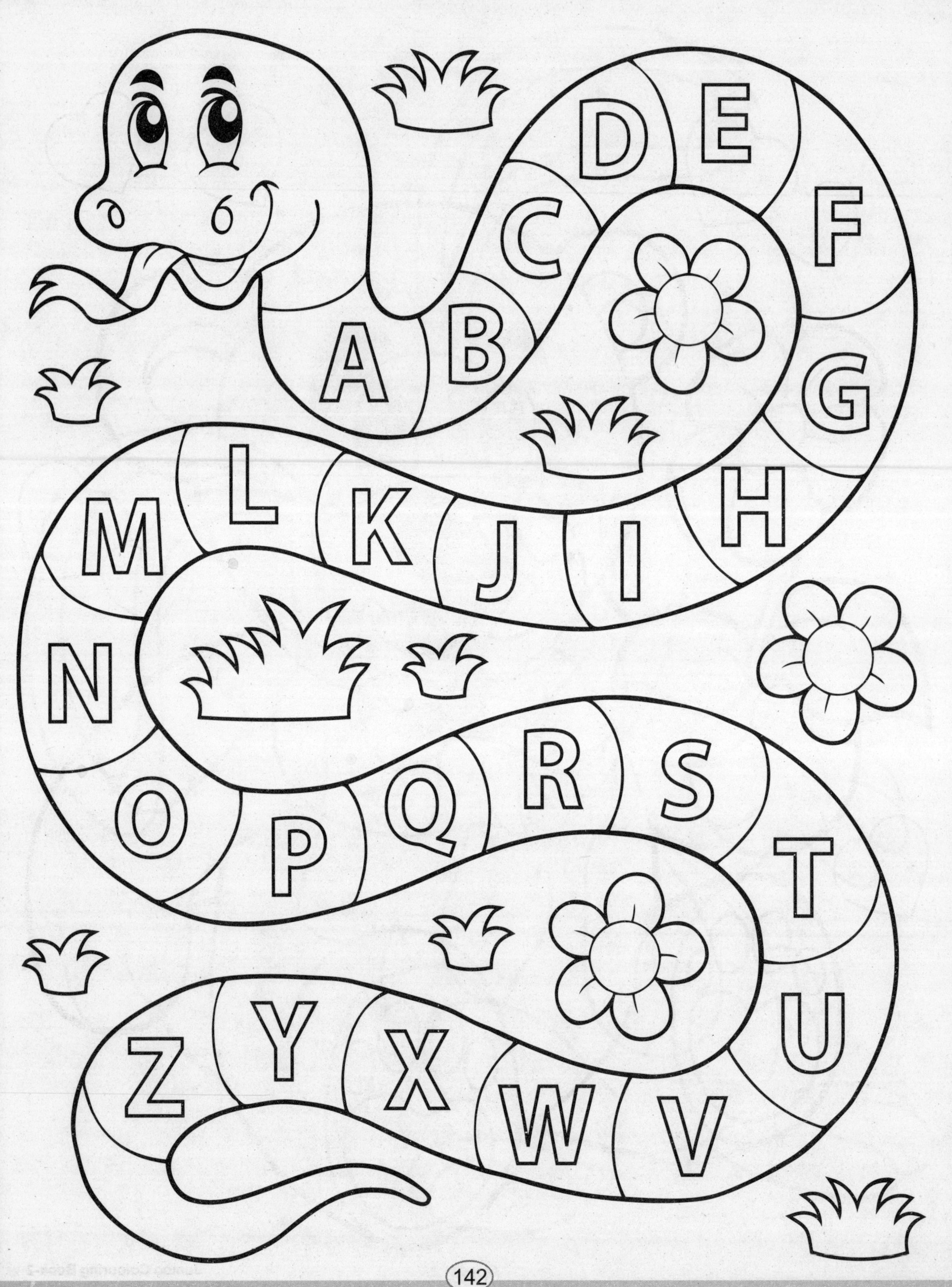
A
B
C
D
E
F
G
H
I
J
K
L
M
N
O
P
Q
R
S
T
U
V
W
X
Y
Z